CATEQUESES MISTAGÓGICAS

Dados Internacionais de Catalogação na Publicação (CIP)
(Câmara Brasileira do Livro, SP, Brasil)

Cirilo de Jerusalém, São
  Catequeses mistagógicas / São Cirilo de Jerusalém ; tradução de Frei Frederico Vier. – Petrópolis, RJ : Vozes, 2020. – (Coleção Clássicos da Iniciação Cristã)

  2ª reimpressão, 2025.

  ISBN 978-65-5713-044-5

  Bibliografia.
  1. Catequese – Igreja Católica 2. Cirilo de Jerusalém, Santo 3. Igreja – História – Igreja Primitiva 4. Padres da Igreja Primitiva 5. Mistagogia I. Figueiredo, Fernando.

04-6562   CDD-268.8111

Índices para catálogo sistemático:
1. Catequeses mistagógicas : Igreja Primitiva :
Cristianismo   268.811

SÃO CIRILO DE JERUSALÉM

CATEQUESES MISTAGÓGICAS

Tradução de Frei Frederico Vier, O.F.M.

Introdução e notas de Frei Fernando Figueiredo, O.F.M.

EDITORA VOZES

Petrópolis

Tradução do original em grego intitulado *μυσταγωγικαί*.

© desta tradução:
1977, 2020, Editora Vozes Ltda.
Rua Frei Luís, 100
25689-900 Petrópolis, RJ
www.vozes.com.br
Brasil

Todos os direitos reservados. Nenhuma parte desta obra poderá ser reproduzida ou transmitida por qualquer forma e/ou quaisquer meios (eletrônico ou mecânico, incluindo fotocópia e gravação) ou arquivada em qualquer sistema ou banco de dados sem permissão escrita da editora.

CONSELHO EDITORIAL

Diretor
Volney J. Berkenbrock

Editores
Aline dos Santos Carneiro
Edrian Josué Pasini
Marilac Loraine Oleniki
Welder Lancieri Marchini

Conselheiros
Elói Dionísio Piva
Francisco Morás
Teobaldo Heidemann
Thiago Alexandre Hayakawa

Secretário executivo
Leonardo A.R.T. dos Santos

PRODUÇÃO EDITORIAL

Anna Catharina Miranda
Eric Parrot
Jailson Scota
Marcelo Telles
Mirela de Oliveira
Natália França
Priscilla A.F. Alves
Rafael de Oliveira
Samuel Rezende
Verônica M. Guedes

Diagramação: Sheilandre Desenv. Gráfico
Revisão gráfica: Jaqueline Moreira
Capa: WM design

ISBN 978-65-5713-044-5

Este livro foi composto e impresso pela Editora Vozes Ltda.

Sumário

Prefácio **9**

Introdução **11**

1. Dados biográficos **11**

2. Caracterização da época **12**

3. Particularidades da Igreja de Jerusalém **16**

4. Apresentação geral de sua obra **20**

5. Autoria das Catequeses **22**

6. Conteúdo doutrinário das Catequeses **25**

7. Método e estilo **29**

Primeira catequese mistagógica aos recém-iluminados **31**

    Finalidade destas catequeses **31**

Renúncia a satanás **34**

Profissão de fé **38**

Segunda catequese mistagógica sobre o batismo **41**

Despojamento dos vestidos **42**

Unção **43**

Imersão batismal **44**

Efeitos místicos **45**

Terceira catequese mistagógica sobre a crisma **49**

Significação espiritual **49**

O rito da unção **52**

Prefigurações escriturísticas **53**

Quarta catequese mistagógica sobre o Corpo e Sangue de Cristo **57**

Presença real de Cristo **58**

Prefigurações escriturísticas **60**

Quinta catequese mistagógica **63**

A celebração eucarística **63**

Introdução à anáfora **65**

Anáfora, prece de louvor **66**

Epiclese **67**

Intercessões **67**

O Pater **68**

Comunhão **74**

Índice escriturístico **77**

Índice analítico **83**

Prefácio

A obra catequética de São Cirilo de Jerusalém compõe-se de 23 Catequeses. No presente volume apresentamos as Catequeses Mistagógicas, originariamente publicadas na *Coleção Fontes da Catequese*. Publicamos as Catequeses Mistagógicas num volume pela importância das mesmas e por constituírem uma unidade de doutrina.

As Catequeses de São Cirilo são consideradas como sendo a coleção catequética, após a de Agostinho, a mais completa que a Antiguidade nos legou. Através delas, podemos apreciar o conteúdo de tudo quanto constituía a educação religiosa ministrada aos que se convertiam ao Cristianismo. O Credo, detalhadamente comentado, é tido como uma joia preciosa do tesouro teológico da Igreja Primitiva. Nas Catequeses Pré-batismais o Credo, muito semelhante ao Credo Niceno-constantinopolitano, nos é transmitido com comentários e interpretações próprias da época. Nas Catequeses Mistagógicas é apresentado o culto cristão: Batismo, Confirmação, Celebração Eucarística, com o respectivo rito, que é explicado. Pelas Catequeses temos acesso ao anúncio da fé da Igreja Primitiva e às manifestações cultuais desta fé.

A tradução foi feita por Frederico Vier, O.F.M. Durante os últimos anos de sua vida, ele consagrou as horas que lhe sobravam do cansativo trabalho de Revisor e Vice-Diretor da Editora Vozes a este trabalho de tradução das Catequeses de São Cirilo. Era com amor que o víamos horas a fio tentando descobrir a melhor expressão, o termo mais apropriado para designar o pensamento do bispo de Jerusalém. A experiência de anos na revisão de textos e manuscritos o tornou sensível às sutilezas da língua e solidificou seu desejo de fidelidade ao autor.

Petrópolis, 21 de agosto de 1976.
Frei Fernando A. Figueiredo, O.F.M

Introdução

1. Dados biográficos

No ano 348 tornou-se Cirilo bispo da cidade de Jerusalém, onde provavelmente nasceu por volta do ano 315. Fora em 345 ordenado sacerdote por Máximo II, a quem sucederia após sua morte ou deposição levada a efeito pelos eusebianos. Muito depressa Acácio, metropolita da Província e um dos chefes dos eusebianos, investe contra Cirilo, defensor da fé de Niceia. Seguem-se acusações mútuas acerca da fé de cada um. Cirilo é exilado por três vezes em uma situação parecida à de São João Crisóstomo com Teófilo de Alexandria.

Em 358/9 o concílio de Selêucia o restabelece em sua sé episcopal. No ano seguinte será desterrado por ordem do Imperador Constâncio, movido por Acácio e seguidores. Ele permanece no desterro até 362, quando é favorecido pela anistia geral proclamada por Juliano. Porém, em 367, apesar da morte de Acácio, ele volta ao exílio até que, em 378, Graciano decreta a suspensão do desterro para todos os bispos católicos. Em 381 encontramo-lo entre os padres conciliares do primeiro Concílio de Constantinopla. A liturgia ocidental e oriental comemora no dia 18 de março a sua morte, que deve ter-se dado no ano de 387.

É necessário distinguir em Cirilo o teólogo e a testemunha da fé e da Tradição cristã, de modo geral, e da Igreja de Jerusalém, em particular. Como teólogo, ele não apresenta a profundidade doutrinal dos Padres da segunda metade do século IV, defensores da ortodoxia, como Santo Atanásio e Santo Hilário ou teólogos como Basílio e os demais Padres Capadócios que marcarão o pensamento teológico, influenciando as gerações futuras. Mas é uma valiosa testemunha da Tradição antiga e eco da fé católica professada em Niceia e, mais tarde, no primeiro Concílio de Constantinopla.

2. Caracterização da época

Uma rápida visão da época em que viveu Cirilo ajudar-nos-á a melhor apreender o motivo que subjaz a muitos ditos seus ao longo de suas obras.

No século II a Igreja se vê diante de correntes religiosas que se esforçam para exercer uma espécie de sedução sobre os homens de seu tempo: a gnose e as religiões de Mistério. O gnosticismo continuará presente nos séculos posteriores sob formas diversas, sendo combatido por Justino, Santo Ireneu, Tertuliano e o autor dos *Philosophumena*. Localizar-se-á, sobretudo, no Egito e na Síria. A gnose fala de uma centelha divina no homem, o qual, provindo do reino divino, caiu neste mundo. Aqui o homem se encontra submisso ao destino, ao nascimento, à morte e tem necessidade de ser despertado por seu arquétipo celeste ao qual ele finalmente se reunirá. Esta libertação se dá pelo conhecimento (gnose), que consiste essencialmente em conhecer-se, ou melhor, se reduz à necessidade de reconhecer o elemento divino que constitui o verdadeiro "eu". Liberta-se assim de todos os "poderes" que o retêm no "profano" e no erro.

Ao mesmo tempo que tais correntes angariavam adeptos, no interior da Igreja se assistia ao surgimento de doutrinas antitrinitárias. Incapazes de admitir a diversidade de Pessoas na unidade de uma e mesma Natureza divina, negavam alguns a divindade do Cristo reduzindo-o a um simples homem dotado de extraordinários poderes e virtudes (dinamistas), ou explicavam sua personalidade como mera modalidade da de Deus Pai (modalistas, patripassianos). Em relação ao

Filho, temos Noeto e Práxeas; em relação ao Espírito Santo, temos Sabélio.

Daí à doutrina sustentada por Ario, sacerdote da Igreja de Alexandria, seria um passo. Logo após a vitória sobre Licínio, Constantino, único imperador, escreve a Alexandre, bispo de Alexandria, para que ele se ponha de acordo com Ario. Alexandre se escandalizara com as posições cristológicas de seu sacerdote Ario, que, de mil maneiras, mesmo através de cânticos populares, ensinava que o Cristo não é verdadeiramente Deus. Em uma carta a Eusébio de Nicomédia, Ario expõe sua posição: "Ele (o Cristo) começou a existir por um ato de vontade. Antes de ser gerado, *Ele não era*". Tal discussão culminará com o primeiro Concílio Ecumênico, de Niceia, em 325, onde se proclamará, contra o arianismo, a divindade do Filho e sua consubstancialidade (homoousía) com o Pai.

A luta ariana (318-381) coincide com a vida de São Cirilo e caracteriza este período. Concílios e sínodos, fórmulas e mais fórmulas de fé, mútuas condenações constituem a tecedura desta luta. Para aumentar a confusão dos fiéis, surgiram, dentro das correntes heterodoxas, outras com matizes diversos, uma mais extremada, a dos anomeus, outra mais mitigada, a dos semiarianos ou homoioúsios. A muitos faltavam serenidade e magnanimidade, deixando-se envolver em intrigas e mesmo fraudes e violências.

Em meio a tal situação se destacavam a ousadia e a sobriedade, a profundidade e a mente esclarecida de um Basílio Magno, Gregório Nazianzeno, Gregório de Nissa, Cirilo de Alexandria e outros. São Cirilo em suas catequeses alerta os fiéis não só contra as afirmações anticristãs provindas do meio gentílico ou judaico, mas também contra as asserções heréticas. Enumera os vícios dos deuses adorados pelos pagãos, assim como de seus adoradores[1]. Busca no AT anúncios e prefigurações do N.T., em oposição aos judeus, e mostra a unidade de ambos os Testamentos, o que era rejeitado pelos gnósticos. Levanta-se contra os hereges, cujas obras ele diz ter lido: "Estas coisas, fala Cirilo, estão nos livros dos maniqueus; eu próprio as li, porque não cria nos que me falavam delas; e as examinei cuidadosamente para segurança vossa e ruína dos outros"[2].

Muito se escreveu sobre o fato de Cirilo jamais empregar o termo homooúsios: consubstancial. Todavia, a simples leitura de suas catequeses nos mostra um Cirilo preocupado em ser o mais simples possível, evitando, sempre que possível, o emprego de termos teológicos.

---

1. Cf. *Cat.* 6,6.11.
2. *Cat.* 6,34.

Ele tem diante de si pessoas pouco versadas em doutrina cristã, às quais deseja transmitir de modo acessível e com proveito suas instruções. Daí o fato de ele expor a doutrina em uma terminologia fundamentalmente bíblica. Ademais, o termo homooúsios foi compreendido por alguns em um sentido sabeliano, que Cirilo tantas vezes combate.

3. Particularidades da Igreja de Jerusalém

Através das próprias catequeses de São Cirilo podemos ter uma ideia da Igreja de Jerusalém. O costume da catequese era cuidadosamente observado em Jerusalém. Se em outras Igrejas a exposição do Credo se resumia a duas, três ou mais apresentações, em Jerusalém se lhe dedicava todo o tempo da Quaresma. Compreende-se o motivo pelo qual o conjunto das catequeses nos oferece todo um sistema doutrinário. Na Catequese Preliminar ele nos faz ver a importância conferida a esta ação catequética: "Aprende o que ouves e guarda-o para sempre. Não creias serem estas homilias habituais. Também elas são boas e dignas de fé"[3].

Cirilo pronuncia as catequeses na Igreja da Ressurreição e na Capela do Santo Sepulcro. Para que

---

3. *Cat. Prel.,* 11.

alguém fosse admitido ao catecumenato exigia-se, segundo menciona Eusébio, a imposição das mãos e a oração. O primeiro Concílio de Constantinopla (381) nos fala dos exorcismos e da insuflação, feitos em três dias consecutivos. No primeiro dia, diz o Concílio, fazemo-los cristãos; no segundo catecúmenos; no terceiro os exorcizamos, soprando por três vezes o rosto e os ouvidos e assim os catequizamos[4]. São Cirilo se refere expressamente aos exorcismos[5], os quais são recebidos com a face coberta com um véu. "O teu rosto foi coberto com um véu, a fim de que todo o teu pensamento não estivesse disperso, e o olhar, divagando, não fizesse vagar também o coração"[6].

Após o primeiro grau de Catecumenato passa-se ao dos *Competentes* com todo um período de preparação e que antecedia em algumas semanas à Páscoa. O bispo lhes dirigia uma exortação, seguida da inscrição nos registros da Igreja. Esta se fazia, em Jerusalém, no princípio da Quaresma[7] e num mesmo dia. Recebiam então o nome de *fiéis*. "Vê que, sendo chamado fiel, tua intenção não seja de um infiel"[8].

---

4. Cf. Mansi, Joannes D., Conc. Constant. Generale II, c. 7, *Sacrorum Conciliorum Nova et Amplissima Collectio,* Graz, 1960, vol. 3, col. 564.
5. Cf. *Cat. Prel.*, 9.
6. *Cat. Prel.*, 9.
7. Cf. *Cat. Prel.*, 1.4.5.13.
8. *Cat. Prel.*, 6.12; *Cat.* 5,1.12.

Findo o que se seguia a preparação imediata para o batismo, que compreendia duas partes principais:

a) *Preparação ascética*, que Cirilo descreve na Catequese Preliminar, na primeira e na segunda Catequese. Três obras a caracterizam: o jejum, a penitência e a confissão dos pecados.

Jejum – O jejum se estendia, na comunidade jerosolimitana, pelo espaço de 40 dias, inclusive os sábados e domingos[9], e abarcava também a abstinência de vinho e carnes[10]. Além deste jejum quaresmal existia o jejum pascal, muito mais rigoroso[11].

Penitência – Acentua-se não só a penitência externa, mas também a interna, como meio imprescindível para uma digna recepção do batismo. Diz Cirilo: "Prepara teu coração para receberes as doutrinas, para participares dos sagrados mistérios"[12]. É o convite à renúncia a todo mau hábito e à purificação dos pecados. "Deixa desde já toda obra má; que tua língua não fale palavras inconvenientes; que teu olhar já não peque mais e que teu espírito não se ocupe com coisas vãs"[13].

---

9. Por ex., *Cat. Prel.*, 4.
10. *Cat. M.*, 4,27.
11. Cf. *Cat.* 19,17.
12. *Cat. Prel.*, 16.
13. Ibid., 8.

Este espírito de penitência é fruto da graça de Deus implorada na oração. Por isso Cirilo insiste que seus ouvintes sejam assíduos à oração: "Reza com insistência a fim de que Deus te faça digno dos celestes e imortais mistérios. Não cesses nem de dia nem de noite"[14]. Quarenta dias, no entanto, é pouco tempo de preparação para os que viveram entregues às vaidades. Daí a necessidade de receber com toda devoção os exorcismos[15], assistir às catequeses com pureza de intenção[16].

Confissão – São Cirilo desenvolve de modo todo especial o inciso sobre a confissão dos pecados. No início da primeira Catequese ele exclama: "Vós que estais cobertos com o manto das transgressões e estais ligados com as cadeias dos vossos pecados, escutai a voz profética que diz: Lavai-vos, purificai-vos"[17]. Em outra Catequese ele repete: "Quão excelente é confessar-se"[18].

A segunda Catequese é praticamente uma grande exortação à confissão, apresentada não como mero relato de pecados, mas expressando uma situação existencial e consequente vontade de mudar de vida. Os termos

---

14. Ibid., 16.
15. Cf. *Cat. Prel.,* 9.
16. Ibid., 2.
17. *Cat.* 1,1.
18. Ibid., 2,13.

que ocorrem para designar a confissão são significativos: εξομολόγησις (confissão) e μετάνοια (penitência).

b) *Preparação catequética.* Nota-se aqui a diferença da Igreja de Jerusalém em relação às demais Igrejas. Como já dissemos acima, em Jerusalém se emprega toda a Quaresma para explicar o Credo, enquanto nas demais igrejas a exposição do Credo se restringe a duas ou mais apresentações. Cirilo profere 23 catequeses, o que por si só exprime a importância que é dada à catequese na preparação batismal. As 18 primeiras se dirigem aos que se preparam para o batismo e comentam basicamente o Credo artigo por artigo. As últimas cinco são pronunciadas para os recém-batizados, durante a semana da Páscoa, na capela do Santo Sepulcro. As cinco tratam da doutrina, dos ritos e cerimônias dos sacramentos do Batismo, da Confirmação e da Eucaristia.

4. Apresentação geral de sua obra

Como já assinalamos, Cirilo pronuncia 23 catequeses que podem ser divididas em dois blocos distintos: As 18 primeiras pronunciadas em preparação para o batismo e as 5 últimas aos já batizados (νεοφώτιστοι). Quase todas foram proferidas na Igreja do Santo Sepulcro e, como observa J. Quasten, "uma nota conservada em diversos manuscritos recorda que elas foram copiadas em estenografia, ou, ainda, que elas representam a transcrição de um de seus ouvintes, e não uma cópia 'manu propria' do bispo"[19].

Precede às 18 primeiras uma alocução preliminar ou introdução geral, na qual Cirilo prepara os ouvintes (φωτιζόμενοι) para receber, com maior proveito, as instruções pré-batismais. Após uma ardorosa recepção: "Já vos impregna, ó iluminandos, o odor da bem-aventurança"[20], o bispo acentua a necessidade da penitência e purificação dos pecados, da prece e da disciplina pessoal e de uma intenção livre de todo interesse mundano para se aproximar do sacramento de iniciação. O mesmo é repetido nas duas primeiras catequeses, que versam sobre o pecado e a penitência. Na terceira, ele trata do batismo e de seus efeitos. A quarta é um breve compêndio da doutrina sobre a fé. Aí ele expõe as verdades necessárias ao homem para que ele se salve. Em primeiro lugar, alude ao Credo onde se professa o Deus Criador, seu Filho Jesus Cristo e o Espírito Santo. Em seguida, apresenta a doutrina cristã sobre o homem, sua natureza, sua vida moral e seu fim último. Finalmente, discorre sobre o conhecimento de Deus e de nós mesmos, fundado na Sagrada Escritura.

---

19. Quasten, J., *Initiation aux Pères de l'Église,* trad. de l'anglais par J. Laporte, t. III, p. 511.
20. *Cat. Prel.,* 1.

Da quinta à décima oitava Catequese Cirilo dá uma explicação detalhada dos artigos do Credo, que se aproxima muito da fórmula do Concílio de Constantinopla (381). Por exemplo, na quinta ele expõe a palavra Credo. Segue-se o primeiro artigo: Creio em um só Deus[21] e assim por diante.

As Catequeses Mistagógicas (19-23) versam sobre os sacramentos recebidos pelos neófitos na vigília pascal. Doutrina que permanecera até então oculta. Daí o nome de Catequeses Mistagógicas. Nas duas primeiras, o bispo busca explicar as cerimônias que precederam ao batismo. Na terceira fala da Confirmação; na quarta da Eucaristia e na quinta trata da liturgia da Santa Missa.

5. Autoria das Catequeses

A. Piédagnel apresenta, na edição francesa das Catequeses Mistagógicas[22], uma visão histórica bastante ampla da questão da autoria das catequeses, em geral, e das Mistagógicas, em particular.

A questão surgiu no século XVI com Josias Simler que, fundado em um catálogo de manuscritos gregos da cidade de Augsburgo, conclui que a totalidade das

---

21. *Cat.* 6.
22. Cf. Cyrille de Jérusalem, *Catéchèses Mystagogiques,* SCh 126, Paris, 1966, p. 18-40.

catequeses são erroneamente atribuídas a Cirilo. Teriam sido proferidas por João II de Jerusalém, sucessor de Cirilo. Mais tarde, o protestante Thomas Milles refere-se não mais ao catálogo, mas aos títulos encontrados em tal manuscrito e que não indicam a autoria das catequeses "ad illuminandos". As cinco mistagógicas têm, no entanto, a João como autor. Mesmo assim, Milles as atribui a Cirilo. A edição de A. Touttée, beneditino, algum tempo depois, busca provar a autoria de Cirilo para as Mistagógicas.

No século XIX as edições de W.K. Reischl e J. Rupp, embora assinalem que o Codex Monacencis 394 por duas vezes citava as mistagógicas como sendo pronunciadas por João II, consideram não ser um argumento válido para negar a autoria de Cirilo face a tantos outros testemunhos em seu favor.

Quatro outros manuscritos, o Ottobonianus 86 (s.X-XI), o Ottobonianus 446 (s. XV), o Vaticanus 602 (s. XVI) e o Monacensis 278 (s. XVI), atribuem as mistagógicas ora a Cirilo, ora a João. Por causa de tais manuscritos, Th. Schermann, W.J.J. Swaans, M. Richard, W. Telfer, G. Kretschmar e outros fazem remontar a redação das mistagógicas para o final do século IV, atribuindo-as a João II.

Apesar de tais objeções, diversos autores citam outros manuscritos, como por ex. o Bodleianus Roe 25, o

Vindobonensis 55 etc., que apresentam as Catequeses Mistagógicas sem nome do autor, logo após a Catequese Preliminar e as 18 Pré-batismais. Antecede à Catequese Preliminar o nome de Cirilo. Existe também uma tradição literária, embora tardia (séc. VIII-XI), na qual encontram-se citações das Catequeses Mistagógicas com o nome de Cirilo. Ademais, fez-se toda uma análise das diversas catequeses chegando-se a inúmeras provas que falam de um único e mesmo autor, Cirilo. O estudo comparativo entre passagens de textos de cada grupo de catequeses indica uma origem comum. "Touttée, escreve A. Piédagnel, assinalava também o emprego do mesmo método de exposição nas duas séries de catequeses: ele consiste em partir de uma citação da Escritura, em se referir ao longo da Catequese a numerosos textos, do AT em particular, em intercalar aí algumas paráfrases, em terminar por uma exortação de ordem moral e uma doxologia idêntica"[23].

Chegou-se assim a um consenso final de que não se encontra na tradição manuscrita um respaldo suficiente para negar a autoria de Cirilo não só em relação à Catequese Preliminar e às 18 Pré-batismais, como também em relação às Catequeses Mistagógicas.

---

23. Ibid., p. 32.

6. Conteúdo doutrinário das Catequeses

A doutrina exposta por São Cirilo nas Catequeses se resume basicamente ao Credo. Eis a profissão de fé da comunidade de Jerusalém:

1. Cremos em um Deus, Pai Todo-poderoso, Criador do céu e da terra, de todas as coisas visíveis e invisíveis.

2. E em um Senhor Jesus Cristo, Filho Unigênito de Deus, gerado do Pai, Deus verdadeiro, antes de todos os séculos, pelo qual foram feitas todas as coisas.

3. Que veio na carne e se fez homem (da Virgem e do Espírito Santo).

4. Foi crucificado e sepultado.

5. Ressuscitou ao terceiro dia.

6. E subiu aos céus e está sentado à direita do Pai.

7. E virá na glória para julgar os vivos e os mortos, cujo reino não terá fim.

8. E em um Espírito Santo, o Paráclito que falou nos profetas.

9. E em um batismo de penitência para remissão dos pecados.

10. E em uma santa católica Igreja.

11. E na ressurreição da carne.

12. E na vida eterna.

O símbolo não se encontra escrito integralmente nas Catequeses. Isso por causa da disciplina do arcano. Cirilo insiste sobre o segredo que os candidatos devem conservar, não divulgando o que lhes fora ensinado. "Oferecemo-vos em poucos versículos o dogma inteiro da fé. Quero que o fixeis com as próprias palavras e o repitais convosco mesmos com todo cuidado, não o escrevendo em papel, mas gravando-o na memória de vosso coração"[24].

O texto acima apresentado foi restabelecido por Touttée a partir do que se podia colher cá e lá nos títulos e ao longo das Catequeses. Todavia, a reconstrução, embora nos sugira qual seja o Credo de Cirilo, não é autêntica em todas as suas partes. Nas Catequeses 9,4 e 10,3 temos citações de Cirilo e que foram certamente transcritas de modo fiel pelos taquígrafos. Quanto aos títulos não se dá o mesmo. Parecem ser mais apresentações do redator que do próprio Cirilo. O redator procura resumir em poucas palavras o assunto a ser tratado nas Catequeses. Apesar destas dificuldades o texto exprime substancialmente o símbolo de Cirilo.

As Catequeses falam da fé e de suas fontes: a Sagrada Escritura e a Tradição, unidade e trindade de Deus, divindade e consubstancialidade das três Pessoas, mistério

---

24. *Cat.* 5,12.

da Redenção, anjos, origem divina do homem, espiritualidade e imortalidade da alma, livre-arbítrio, pecado, novíssimos, Igreja, sacramentos. Sobre o Cristo, Cirilo rejeita o arianismo e apresenta sua posição, que concorda com a fé de Niceia. Cristo é verdadeiramente Deus. Ele é um com o Pai. "São um pela dignidade da divindade (...). Um são eles, porque não há entre eles discórdia ou separação, pois não são umas as obras criadas por Cristo, outras as criadas pelo Pai"[25]. O Espírito Santo é professado como uma personalidade distinta do Pai e do Filho, gozando igualmente da mesma divindade. Ele proclama sua fé trinitária: "Indivisa a fé, inseparável a piedade. Não fazemos separação na Santíssima Trindade, como alguns; nem confusão, como Sabélio"[26].

Estes temas não são tratados de modo igual, pois o objetivo de Cirilo é explicar o Símbolo e não apresentar um tratado sobre cada um dos temas. As Catequeses Mistagógicas, no entanto, falarão extensamente do Batismo, da Confirmação e da Eucaristia. Cirilo apresenta uma visão geral do batismo, explicitando o significado da unção e da imersão, e aponta seus efeitos, eficácia, necessidade, autor, sujeito e ministro.

Pelo batismo o cristão participa da vida mesma de Cristo. Cristo assumiu toda a realidade humana para

---

25. Ibid., 11,16.
26. Ibid., 16,4.

que pudéssemos participar da salvação. "Batizados em Cristo e dele revestidos, vos tornastes conformes ao Filho de Deus"[27]. Esta semelhança ao Filho é significada especificamente na Crisma, quando, "ungidos com o óleo, fostes feitos partícipes e companheiros de Cristo"[28]. Este processo de assemelhação ao Filho se realiza no e pelo próprio Filho, que se torna alimento espiritual. "Em forma de pão te é dado o corpo, e em forma de vinho o sangue, para que te tornes, tomando o corpo e o sangue de Cristo, concorpóreo e consanguíneo com Cristo"[29]. Ele é bastante explícito ao declarar que o pão e o vinho não são simples elementos, mas "são, conforme a afirmação do Mestre, corpo e sangue"[30]. A coroa ou o "edifício espiritual" de toda instrução é a celebração eucarística, que o bispo de Jerusalém descreve minuciosamente interpretando a liturgia eucarística em seu desenrolar.

Vê-se, pois, a importância e o sentido das Catequeses de São Cirilo não só para a Catequese e para a Liturgia, como também para a Teologia, que tem nelas o testemunho da Tradição cristã sobre as principais verdades de fé.

---

27. *Cat. M.* 3,1.
28. Ibid., 2.
29. Ibid., 4,3.
30. Ibid., 6.

7. Método e estilo

Em suas obras, Cirilo não nos deixa perceber que tenha observado um método com regras precisas. Com isso não se quer dizer que não haja certa ordem ao longo da exposição. Por vezes ele começa apresentando o erro dos hereges e mostra o ponto fraco da doutrina deles, para então expor a verdadeira doutrina e os argumentos que a apoiam. Outras vezes segue exatamente o caminho oposto. E quando a doutrina é puramente moral, como na Catequese Preliminar, ele não observa nenhuma ordem. Ele apresenta suas considerações assim como elas lhe vêm à mente. Penitência, aversão ao pecado, oração, leitura da Bíblia, rejeição da heresia, distanciamento de espetáculos e jogos maus ou perigosos são recomendações que voltam sempre que é possível.

Quanto ao estilo, ele é bastante popular e simples. Diante de um auditório que era de iniciantes na fé, sua linguagem assume uma feição muito familiar. É em tom de conversação que ele desenvolve as instruções. Muitas vezes ele deixa o tratamento "vós", que é empregado quando ele se dirige aos seus ouvintes de modo geral, e fala em "tu" como se estivesse se dirigindo pessoalmente a alguém. Refletem as Catequeses comunicação e clareza de linguagem. Algumas vezes, porém, ele deixa perceber uma eloquência muito viva. Lemos na sexta Catequese:

"Lembrai-vos do que foi dito: Que consórcio há entre a justiça e a iniquidade? Que comunidade entre a Luz e as trevas? (...) Aqui há ordem, aqui há disciplina, aqui há seriedade, aqui há castidade, aqui é considerado pecado olhar alguma mulher com olhos concupiscentes. Aqui o matrimônio é mantido em santidade (...). Associa-te às ovelhas. Foge dos lobos. Não te afastes da Igreja..."[31]

---

31. *Cat.* 6,35-36.

Primeira Catequese Mistagógica aos Recém-iluminados

e leitura da primeira epístola católica de São Pedro desde: "Estai alerta e vigiai" até o final da epístola[1], do mesmo Cirilo e do bispo João.

Finalidade destas catequeses

1 Desde há muito tempo desejava falar-vos, filhos legítimos e muito amados da Igreja, sobre estes espirituais e celestes mistérios. Mas como sei bem que a vista é

---

1. 1Pd 5,8-11.

mais fiel que o ouvido[2], esperei a ocasião presente, para encontrar-vos, depois desta grande noite, mais preparados para compreender o que se vos fala e levar-vos pelas mãos ao prado luminoso e fragrante deste paraíso. Além disso, já estais melhor preparados para apreender os mistérios todo-divinos que se referem ao divino e vivificante batismo. Uma vez, pois, que vos proporemos uma mesa com doutrinas de iniciação perfeita, é necessário ensinar-vos com precisão, para penetrardes o sentido do que se passou convosco nesta noite batismal.

2 Entrastes primeiro no adro[3] do batistério. Depois vos voltastes para o Ocidente[4] e atentos escutastes. Recebestes então a ordem de estender a mão, e renunciastes a satanás como se estivesse ali presente. É preciso que saibais que na história antiga há uma figura deste gesto.

---

2. Certamente vislumbra-se aqui um pensamento comum aos Padres da Igreja, segundo o qual o rito tem um valor propedêutico, isto é, ele prepara o fiel para um ensinamento mais completo. Este deve colocar-se na teoria, que é, antes de tudo, deixar-se mirar pela vida, pois se percebe à mercê da vida. No caso presente é o deixar-se colher pelo rito para que este lhe desvende o que é por ele celebrado.

3. Espaço em frente, junto ao batistério, onde os candidatos eram preparados para o batismo.

4. O Ocidente simboliza o ocaso e daí o reino das trevas e da escravidão. Nas cerimônias batismais o eleito renunciava a Satá voltado para o Ocidente. O mistério do sol, por outro lado, representava o Cristo. O cristão rezava voltado para o Oriente, isto é, para o nascente, símbolo do Cristo, luz do mundo. O sol tem sua expressão cultual no domingo cristão e na festa de Páscoa.

Quando o faraó, o mais inumano e cruel tirano, oprimia o povo livre e nobre dos hebreus, Deus enviou Moisés a tirá-los desta penosa escravidão dos egípcios. Com sangue de cordeiro eram ungidas[5] as ombreiras das portas, a fim de que o exterminador passasse pelas casas que ostentassem o sinal do sangue[6]. Assim, o povo dos hebreus foi admiravelmente libertado. Quando, depois da libertação, faraó os perseguiu e viu o mar abrir-se maravilhosamente diante deles, avançou mesmo assim ao encalço deles e, submerso instantaneamente, foi engolido pelo Mar Vermelho[7].

3 Passai agora comigo das coisas antigas às novas, da figura à realidade. Lá Moisés foi enviado por Deus ao Egito; aqui Cristo, do seio do Pai, foi enviado ao mundo. Aquele para tirar o povo oprimido do Egito; Cristo para livrar os que no mundo são acabrunhados pelo pecado. Lá o sangue do cordeiro afastou o anjo exterminador; aqui o sangue do Cordeiro Imaculado[8], Jesus Cristo, constitui um refúgio contra os demônios. Aquele tirano perseguiu até o mar este povo antigo; e a ti, o demônio atrevido, impudente e príncipe do mal, te segue até as

---

5. O texto se refere à Páscoa judaica, tida pelos Padres como alegoria moral e tipo da unção batismal. Cf. Oríg., *Selecta in Ex.* 12,22 (PG 12, 285A); Greg. Naz., *Orationes* 1.3 (PG 35, 397A).
6. Cf. Ex 12,7.13.22-23.
7. Cf. Ex 14,22-30.
8. Cf. 1Pd 1,19.

fontes mesmas da salvação. Aquele afogou-se no mar; este desaparece na água da salvação.

Renúncia a satanás

4 Entretanto, ouves, com a mão estendida, dizer como a um presente: "Eu renuncio a ti, satanás"[9]. Quero também falar-vos porque estais voltados para o Ocidente, pois é necessário. O Ocidente é o lugar das trevas visíveis e, como aquele [satã] é trevas, tem o seu poder nas trevas. Por essa razão, simbolicamente olhais para o Ocidente e renunciais a este príncipe tenebroso e sombrio. O que então cada um de vós, de pé, dizia? Renuncio a ti, satanás, a ti mau e crudelíssimo tirano: já não temo, dizias, a tua força. Pois Cristo a destruiu, fazendo-me partícipe de seu sangue e de sua carne, a fim de abolir a morte pela morte e eu não estar eternamente sujeito à escravidão[10]. Renuncio a ti, serpente astuta e capaz de todo mal. Renuncio a ti, que armas insídias e, simulando amizade, praticaste toda sorte de iniquidade e sugeriste a nossos primeiros pais a apostasia. Renuncio a ti, satanás, artífice e cúmplice de todo mal.

---

9. Cirilo é uma das primeiras testemunhas, no Oriente, desta fórmula. Nós a encontramos também em João Crisóstomo, *Hom. VI in Col.* 4 (PG 62, 342, l.21-24).
10. Cf. Hb 10,14-15.

5 Em seguida, numa segunda fórmula, és ensinado a dizer: "E a todas as tuas obras". Obras de satanás são todos os pecados, aos quais é necessário renunciar, assim como quem foge de um tirano atira para longe de si todas as armas dele. Todo o gênero de pecado está, pois, incluído nas obras do diabo. Aliás, sabes que tudo quanto dizes naquela hora tremente está inscrito nos livros invisíveis de Deus. Se, pois, fores surpreendido fazendo algo contrário a estes, serás julgado como transgressor[11]. Renuncias, portanto, às obras de satanás, isto é, a todas as ações e pensamentos contrários à promessa[12].

6 Depois dizes: "E a toda a sua pompa". Pompa do diabo é a mania do teatro, das corridas de cavalo, da caça e de toda vaidade desta espécie. Dela pede o santo ser livrado, dizendo a Deus: "Não permitais que meus olhos vejam a vaidade"[13]. Não te entregues desenfreadamente à mania do teatro, onde se encontram os espetáculos obscenos dos atores, executados com insolências e com toda sorte de indecências, e com danças furiosas de homens efeminados. Nem tampouco sejas daqueles que

---

11. Cf. Rm 2,25-27; Gl 2,18; Tg 2,9-11.
12. O texto original usa o termo λόγος traduzido aqui por promessa. Alguns autores, entre eles A. Piédagnel (SCh), preferem traduzi-lo como promessa e não como razão ou palavra, tendo presente a opção batismal.
13. Sl 118,37.

na caça se expõem a si mesmos às feras, para contentar o infeliz ventre, os quais, querendo regalar o estômago com petiscos, se tornam alimento dos animais selvagens. Exprimindo-me melhor, por causa deste seu deus, o ventre[14], arriscam sua vida em combate singular. Foge também das corridas de cavalos, espetáculo insano que leva as almas à perdição[15]. Porque tudo isto é pompa do diabo.

7 Mas ainda tudo o que é exposto nos templos dos ídolos e nas suas festas, quer sejam carnes ou pães ou coisas semelhantes, inquinados pela invocação dos demônios infames, são contados como pompa do diabo[16]. Pois, assim como o pão e o vinho da eucaristia, antes da santa epiclese[17] da adorável Trindade, eram simplesmente pão e vinho, mas depois da epiclese o pão se torna corpo de Cristo e o vinho sangue de Cristo, da mesma maneira

---

14. Cf. Fl 3,19.
15. É comum na literatura eclesiástica antiga a condenação aos espetáculos. O temor aos espetáculos é sentido também pelos pagãos, no que se refere a seus filhos. Eles os afastam da dedicação ao ensino. Por isso era, em oposição, ressaltado o elo pelo estudo, pelas qualidades bem clássicas de σωφροσυνη (moderação) e de αἰδώς (respeito). (Cf. A.J. Festugière, *Antioche païenne et chrétienne*, Boccard, Paris, 1959, p. 113).
16. A proibição de tomar os alimentos oferecidos aos ídolos funda-se em 1Cor 10,18-22. A Didaqué VI,3 faz eco a esta mesma proibição.
17. Epiclese tem um sentido genérico de invocação. Cirilo utiliza o termo para designar a invocação da SS. Trindade, que se faz, não somente na consagração, mas em toda a anáfora ou ainda em toda a celebração eucarística.

estes alimentos que pertencem à pompa de satanás, por sua própria natureza simples, tornam-se, pela invocação dos demônios, impuros.

8 Depois disto tu dizes: "E a teu culto". Culto do diabo é a prece feita nos templos dos ídolos, tudo que se faz em honra dos simulacros inanimados: acender luzes ou queimar incenso perto de fontes e rios, como fazem alguns que, enganados por sonhos e demônios, chegam a isso, crendo que encontram a cura de doenças corporais. Não vás atrás destas coisas. Augúrios, adivinhação, agouros, amuletos, inscrições em lâminas, magias ou outras artes más são culto do diabo. Foge, portanto, de tudo isto. Se a eles sucumbes, depois de teres renunciado a satanás e aderido a Cristo, experimentarás um tirano mais cruel. Aquele que antes te tratou talvez como familiar e te libertou da dura escravidão, agora está fortemente irritado contra ti. De Cristo serás privado e experimentarás aquele [satanás]. Não ouviste o que a antiga história nos conta de Ló e suas filhas? Não se salvou ele com as filhas, tendo alcançado a montanha, enquanto sua mulher se transformou em estátua de sal para sempre, constituindo uma recordação de sua má vontade e de seu olhar curioso para trás?[18] Cuida, pois, de ti mesmo[19] e não te voltes novamente para trás,

---

18. Cf. Gn 19,15-26.
19. Cf. Dt 4,23; Tb 4,13.

depois de teres posto a mão no arado[20], para a prática amarga desta vida. Foge antes para a montanha[21] para junto de Jesus Cristo, a pedra talhada não por mãos e que encheu a terra[22].

Profissão de fé

9 Quando, então, renuncias a satanás, rompendo todo pacto com ele, quebras as velhas alianças com o inferno[23]. Abre-se para ti o paraíso de Deus, que ele plantou para o lado do Oriente[24], donde por sua transgressão foi expulso[25] nosso primeiro pai. Disto é símbolo o te voltares do Ocidente para o Oriente, lugar da luz[26]. Então te foi ordenado que dissesses: "Creio no Pai e no Filho e no Espírito Santo e no único batismo de penitência". Disto vos falamos extensamente, nas catequeses anteriores, como no-lo permitiu a graça de Deus.

10 Fortalecido por estas palavras, vigia. Pois nosso adversário o diabo, como foi lido, anda ao redor, buscando a

---

20. Cf. Lc 9,62.
21. Cf. Gn 19,17.
22. Cf. Dn 2,34-35.45.
23. Cf. Is 28,15.
24. Cf. Gn 2,8.
25. Gn 3,23.
26. O costume de orar voltado para o Oriente faz com que os Padres se refiram a Gn 2,8 situando o Paraíso igualmente no Oriente.

quem devorar[27]. Deveras, nos tempos anteriores a este, a morte devorava, poderosa. Depois do batismo sagrado da regeneração[28], Deus enxugou toda lágrima de todas as faces[29]. Com efeito, já não choras por teres te despido do velho homem, mas estás em festa porque te revestiste com a vestimenta da salvação[30], Jesus Cristo[31].

11 Tudo isto se realizou no edifício exterior. Se aprouver a Deus, quando nas Catequeses Mistagógicas seguintes entrarmos no Santo dos Santos, conheceremos, então, os símbolos das coisas que lá se realizam.

A Deus glória, poder e magnificência, com o Filho e o Espírito Santo pelos séculos dos séculos. Amém.

---

27. Cf. 1Pd 5,8.
28. Cirilo fala do batismo de regeneração para designar o novo nascimento παλιγγενεσία, que abrange não só a dimensão espiritual mas a totalidade do homem. É uma realidade presente na vida do cristão e que terá sua consumação no fim dos tempos, quando tudo será finalmente restaurado em Cristo (Cf. também Orig., *Comm. in Mt. 15,22* (PG 13, 1320B).
29. Cf. Is 25,8; Ap 21,4.
30. Cf. Is 61,10.
31. Cf. Rm 13,14; Gl 3,27.

Segunda Catequese Mistagógica sobre o Batismo

e leitura da epístola aos romanos: "Ou ignorais que todos nós que fomos batizados para Cristo Jesus fomos batizados para [participar da] sua morte?"[1] até: "Pois que não estais sob a lei, mas sim sob a graça".

1 Úteis vos são as cotidianas mistagogias e os novos ensinamentos que vos anunciam novas realidades, e isto tanto mais a vós que fostes renovados da vetustez para a novidade. Por isso é necessário que vos proponha o que se segue à instrução mistagógica de ontem, a fim de

---

1. Rm 6,3-14.

que compreendais a significação simbólica do que foi realizado por vós no interior do edifício.

Despojamento dos vestidos

2 Logo que entrastes, despistes a túnica[2]. E isto era imagem do despojamento do velho homem com suas obras[3]. Despidos, estáveis nus, imitando também nisso a Cristo nu sobre a cruz. Por sua nudez despojou os principados e as potestades e no lenho triunfou corajosamente sobre eles[4]. As forças inimigas habitavam em vossos membros. Agora já não vos é permitido trazer aquela velha túnica, digo, não esta túnica visível, mas o homem velho corrompido pelas concupiscências falazes[5]. Oxalá a alma, uma vez despojada dele, jamais torne a vesti-lo, mas possa dizer com a esposa de Cristo, no Cântico dos Cânticos: "Tirei minha túnica, como irei revesti-la?"[6] Ó maravilha, estáveis nus à vista de todos e não vos envergonhastes. Em verdade éreis imagem do

---

2. A mesma palavra aqui utilizada para designar a veste – "túnica" – que o batizando depunha antes da imersão na água, encontramo-la em alguns Padres para designar a veste com a qual se cobriram Adão e Eva após o pecado. Evoca-se assim a inocência e o despojamento do pecado.
3. Cf. Cl 3,9.
4. Cf. Cl 2,15.
5. Cf. Ef 4,22.
6. Ct 5,3.

primeiro homem Adão, que no paraíso andava nu e não se envergonhava[7].

Unção

3 Depois de despidos, fostes ungidos com óleo exorcizado[8] desde o alto da cabeça até os pés. Assim, vos tornastes participantes da oliveira cultivada, Jesus Cristo. Cortados da oliveira bravia, fostes enxertados na oliveira cultivada e vos tornastes participantes da abundância da verdadeira oliveira[9]. O óleo exorcizado era símbolo, pois, da participação da riqueza de Cristo. Afugenta toda presença das forças adversas. Como a insuflação dos santos e a invocação do nome de Deus, qual chama impetuosa, queimam e expelem os demônios, assim este óleo exorcizado recebe, pela invocação de Deus e pela prece, uma tal força que, queimando, não só apaga os

---

7. Cf. Gn 2,25.
8. Alude-se, aqui, aos ritos de exorcismos anteriormente realizados com a unção do óleo. Cristóstomo denomina-o de "óleo espiritual". O texto precisa que se trata de uma unção total, mais frequente no Oriente que no Ocidente. Nota-se que Cirilo não fala das diaconisas. As Constituições Apostólicas (apr. 380) falam das diaconisas, que, de par com outras funções, fazem a unção das mulheres, por ocasião do batismo delas. O silêncio de Cirilo como também de Teodoro poderia ser interpretado como algo comum e não digno de ser novamente mencionado ou uma prática que não é comum a todas as igrejas.
9. Cf. Rm 11,17-24.

vestígios dos pecados, mas ainda põe em fuga as forças invisíveis do maligno.

Imersão batismal

4 Depois disto fostes conduzidos pela mão à santa piscina do divino batismo, como Cristo da cruz ao sepulcro que está à vossa frente. E cada qual foi perguntado se cria no nome do Pai e do Filho e do Espírito Santo. E fizestes a profissão salutar, e fostes imersos três vezes na água e em seguida emergistes, significando também com isto, simbolicamente, o sepultamento de três dias de Cristo. E assim como nosso Salvador passou três dias e três noites no coração da terra[10], do mesmo modo vós, com a primeira imersão, imitastes o primeiro dia de Cristo na terra, e com a imersão, a noite. Como aquele que está na noite nada enxerga e ao contrário o que está no dia tudo enxerga na luz, assim vós na imersão, como na noite, nada enxergastes; mas na emersão, de novo vos encontrastes no dia. E no mesmo momento morrestes e nascestes. Esta água salutar tanto foi vosso sepulcro como vossa mãe. E o que Salomão disse em outras circunstâncias, sem dúvida, pode ser adaptado a vós: "Há tempo para nascer, e tempo para morrer"[11].

---

10. Cf. Mt 12,40.
11. Ecl 3,2.

Mas para vós foi o inverso: tempo para morrer, e tempo para nascer. Um só tempo produziu ambos os efeitos e o vosso nascimento ocorre com vossa morte.

Efeitos místicos

5 Oh! fato estranho e paradoxal! Não morremos em verdade, não fomos sepultados em verdade, não fomos crucificados e ressuscitados em verdade. A imitação é uma imagem; a salvação, uma verdade. Cristo foi crucificado, sepultado e verdadeiramente ressuscitou. Todas estas coisas nos foram agraciadas a fim de que, participando, por imitação, de seus sofrimentos, em verdade logremos a salvação. Oh! amor sem medida! Cristo recebeu em suas mãos imaculadas os pregos e padeceu, e a mim, sem sofrimento e sem pena, concede graciosamente por esta participação a salvação.

6 Ninguém, pois, creia que o batismo só obtém a remissão dos pecados, como o batismo de João só conferia o perdão dos pecados. Também nos concede a graça da adoção de filhos. Mas nós sabemos, com precisão, que, como é purificação dos pecados e prodigalizador do dom do Espírito Santo, é também figura da Paixão de Cristo. Por isso clama a propósito Paulo, dizendo: "Ou ignorais que todos nós, que fomos batizados para Cristo Jesus, fomos batizados para [participar da] sua morte?

Com ele fomos sepultados pelo batismo"[12]. Talvez dissesse estas coisas por causa de alguns, dispostos a ver o batismo como prodigalizador da remissão dos pecados e da adoção, mas não como participação, por imitação, dos verdadeiros sofrimentos de Cristo.

7 Para que aprendêssemos que tudo o que Cristo tomou sobre si foi por nós e pela nossa salvação, tudo sofrendo em verdade e não em aparência e para que nos tornássemos participantes dos seus sofrimentos, exclamava veementemente Paulo: "Se fomos plantados com [Ele] pela semelhança de sua morte, também o seremos pela semelhança de sua ressurreição"[13]. Boa é a expressão "plantados com Ele". Logo que foi plantada a verdadeira vide, nós também pela participação do batismo da sua morte "fomos plantados". Fixa a mente com toda a atenção nas palavras do Apóstolo. Não disse: Fomos plantados com Ele pela morte, mas, pela semelhança da morte. Deveras, houve em Cristo uma morte real, pois a alma se separou do corpo. Houve verdadeiramente sepultamento, pois seu corpo sagrado foi envolvido em lençol limpo[14] e foi verdadeiro tudo o que nele ocorreu. Para nós há a semelhança da morte e dos sofrimentos.

---

12. Rm 6,3-4.
13. Rm 6,5.
14. Cf. Mt 27,59.

Quando se trata da salvação, porém, não é semelhança e sim realidade.

8 Todas estas coisas foram ensinadas suficientemente: retende tudo em vossa memória, rogo-vos, para que eu, ainda que indigno, possa dizer-vos. "Amo-vos porque sempre vos lembrais de mim e conservais as tradições que vos transmiti"[15]. Ademais, poderoso é Deus que de mortos vos fez vivos[16], para conceder-vos que andeis em novidade de vida[17]. A Ele a glória e o poder, agora e pelos séculos. Amém.

---

15. 1Cor 11,2.
16. Cf. Rm 6,13.
17. Cf. Rm 6,4.

Terceira Catequese Mistagógica sobre a Crisma

e leitura da primeira epístola de São João, a começar com: "Vós tendes a unção de Deus e conheceis todas as coisas", até: "e por Ele não sejamos confundidos na sua vinda"[1].

Significação espiritual

1 Batizados em Cristo e dele revestidos, vos tornastes conformes ao Filho de Deus. Em verdade, Deus, predestinando-nos à adoção de filhos, nos fez conformes ao corpo glorioso de Cristo[2]. Feitos, pois, partícipes de

---

1. 1Jo 2,20-28.
2. Cf. Gl 3,27; Rm 8,29; Ef 1,5; Fl 3,21.

Cristo[3], não sem razão, sois chamados cristos[4] e é de vós que Deus disse: "Não toqueis os meus cristos"[5]. Ora, vós vos tornastes cristos, recebendo o sinal do Espírito Santo, e tudo se cumpriu em vós em imagem, pois sois imagens de Cristo.

Ele, quando banhado no rio Jordão e comunicando às águas a força da Divindade, delas saiu e se produziu sobre ele a vinda substancial do Espírito Santo, pousando igual sobre igual. Também a vós, ao sairdes das águas sagradas da piscina, se concede a unção, figura daquela com que Cristo foi ungido. Refiro-me ao Espírito Santo, do qual o bem-aventurado Isaías, na profecia a respeito dele, disse, na pessoa do Senhor: "O Espírito do Senhor [repousa] sobre mim, pelo que me ungiu; enviou-me para levar a boa-nova aos pobres"[6].

2 Na verdade, Cristo não foi ungido com óleo ou unguento material por um homem. Mas foi o Pai que, estabelecendo-o com antecedência como Salvador de todo o universo, o ungiu com o Espírito Santo, conforme diz

---

3. Cf. Hb 3,14.
4. A palavra "cristo" tem o sentido geral de pessoa ungida. Encontra-se na tradução grega do AT para designar pessoas eleitas por Deus e que como tais recebem a unção. Todas elas prefiguram Aquele que é o Ungido, Cristo. Os cristãos são também chamados "cristos" enquanto, ungidos no batismo, são seguidores do Cristo.
5. Sl 104,15.
6. Is 61,1; Lc 4,18.

Pedro: "Jesus de Nazaré, a quem Deus ungiu com o Espírito Santo"[7]. E o profeta Davi exclamou: "Teu trono, ó Deus, é para os séculos dos séculos; cetro de retidão, o cetro de tua realeza. Amaste a justiça e por isso te ungiu Deus, teu Deus, com o óleo da alegria, mais que teus companheiros"[8].

E como Cristo foi verdadeiramente crucificado e sepultado e ressuscitou, e vós, pelo batismo, fostes, por semelhança, tidos por dignos de com ele ser crucificados, sepultados e ressuscitados, assim também na unção do crisma. Ele foi ungido com o óleo espiritual da alegria, isto é, com o Espírito Santo, chamado óleo de alegria, por ser causa da alegria espiritual. Vós fostes ungidos com o óleo, feitos partícipes e companheiros de Cristo.

3 Vê, porém, que não imagines ser um simples unguento. Pois, como o pão da Eucaristia, depois de epiclese do Espírito Santo, já não é simples pão, mas o corpo de Cristo, assim também este santo ungüento, com a epiclese, já não é puro e simples ungüento, mas é dom de Cristo e obra do Espírito Santo, pela presença de sua divindade. Com ele se unge simbolicamente tua fronte e os outros sentidos. Se, por um lado, o corpo é ungido

---

7. At 10,38.
8. Sl 44,7-8.

com o unguento sensível, por outro, a alma é santificada pelo santo e vivificador Espírito.

O rito da unção

4 E primeiro sois ungidos na fronte, para serdes libertados da vergonha que o primeiro homem transgressor levou por toda parte[9] e para que, de face descoberta, contempleis a glória do Senhor[10].Depois nos ouvidos, para terdes ouvidos conforme disse Isaías: "E o Senhor me deu um ouvido para ouvir"[11] e o Senhor no Evangelho: "Quem tem ouvidos para ouvir que ouça"[12]. Em seguida nas narinas, para que, ao receberdes este divino unguento, possais dizer: "Somos para Deus, entre os que se salvam, o bom odor de Cristo"[13]. Depois no peito, a fim de que, "tendo revestido a couraça da justiça, resistais aos artifícios do diabo"[14]. Como na verdade o Salvador, após seu batismo e a descida do Espírito Santo, saiu a combater o adversário[15], assim também vós, depois do santo batismo e da mística unção, revestidos

---

9. Cf. Gn 3,7-10.
10. Cf. 2Cor 3,18.
11. Is 50,4.
12. Mt 11,15.
13. 2Cor 2,15.
14. Ef 6,14.11; Cf. Is 11,5; 59,17; 1Ts 5,8.
15. Cf. Mt 4,1-11; Mc 1,12-13; Lc 4,1-13.

da armadura[16] do Espírito Santo, resistis à força inimiga e a venceis dizendo: "Tudo posso naquele que me conforta, Cristo"[17].

5 Feitos dignos desta santa unção, sois chamados cristãos. Assim, pela regeneração, mostra ser direito o nome [de cristãos][18]. Antes, pois, de serdes declarados dignos do batismo e da graça do Espírito Santo, não éreis dignos deste nome, mas estáveis a caminho de serdes cristãos.

Prefigurações escriturísticas

6 É necessário que saibais que há o símbolo desta unção na Escritura Antiga. E na verdade, quando Moisés comunicou ao irmão a ordem de Deus e o estabeleceu sumo sacerdote, depois de lavar-se com água, o ungiu[19] e foi ele chamado cristo[20], em virtude, evidentemente, da unção figurativa. Do mesmo modo, o sumo sacerdote, ao elevar Salomão à dignidade de rei, o ungiu, depois de lavar-se no Gion[21]. Mas essas coisas lhes aconteceram

---

16. Cf. Ef 6,11.
17. Fl 4,13.
18. Isto por causa de a aplicação do nome "cristãos" ser feita também, às vezes, aos catecúmenos. Cf. Concílio de Elvira, can. 45 (2,13 Mansi). Concílio de Constantinopla (381), can. 7 (3,564 Mansi).
19. Cf. Lv 8,1-12.
20. Cf. Lv 4,5.
21. Cf. 1Rs 1,38-39.45.

em figura. A vós, porém, não em figura, mas em verdade. Isso, já que o começo de vossa salvação remonta àquele que foi ungido pelo Espírito Santo. Cristo é realmente as primícias, e vós sois a massa: mas se as primícias são santas, é evidente que a santidade também passa à massa[22].

7 Guardai imaculada esta unção: ensinar-vos-á todas as coisas, se permanecer em vós, como ouvistes há pouco dizer o bem-aventurado João[23], explicando muitas coisas sobre a unção. Esta unção é a salvaguarda espiritual do corpo e a salvação da alma.

Foi isto que desde tempos antigos o santo Isaías profetizou, dizendo: "E preparará o Senhor para todos os povos nesta montanha"[24]. Por montanha ele designa a Igreja, como outras vezes quando diz: "E nos últimos dias será visível a montanha do Senhor"[25]; "Beberão vinho, beberão a alegria, serão ungidos de unguento"[26]. E para que mais te assegures, ouve o que diz sobre este unguento em sentido místico: "Transmite tudo isso às nações, pois o desígnio do Senhor se estende sobre todos os povos"[27].

---

22. Cf. Rm 11,16; 1Cor 5,6-7; 15,23.
23. Cf. 1Jo 2,27.
24. Is 25,6.
25. Is 2,2.
26. Is 25,6.
27. Is 25,7.

Assim, pois, ungidos com este santo crisma, guardai-o sem mancha e irrepreensível em vós, progredindo em boas obras e tornando-vos agradáveis ao autor de nossa salvação, Cristo Jesus[28], a quem a glória pelos séculos dos séculos. Amém.

---

28. Cf. 2Cor 5,9; Hb 2,10.

Quarta Catequese Mistagógica sobre o Corpo e Sangue de Cristo

e leitura da primeira epístola aos Coríntios: "Porque eu recebi do Senhor o que vos transmiti"[1], *etc.*

1 Este ensinamento do bem-aventurado Paulo foi estabelecido como suficiente para vos assegurar acerca dos divinos mistérios, dos quais tendo sido julgados dignos, vos tornastes concorpóreos e consanguíneos com Cristo. O próprio Paulo proclama precisamente: "Na noite em que foi entregue, Nosso Senhor Jesus Cristo, tomando o pão e depois de ter dado graças, partiu-o e

---

1. 1Cor 11,23s.

o deu a seus discípulos, dizendo: Tomai, comei, isto é o meu corpo. E tomando o cálice e tendo dado graças, disse: Tomai, bebei, isto é o meu sangue".[2] Se ele em pessoa declarou e disse do pão: "Isto é o meu corpo", quem se atreveria a duvidar doravante? E quando ele afirma categoricamente e diz: "Isto é o meu sangue", quem duvidaria dizendo não ser seu sangue?

2 Outrora, em Caná da Galileia, por própria autoridade, transformou a água em vinho.[3] Não será digno de fé quando transforma o vinho em sangue? Convidado às bodas corporais, realizou este milagre maravilhoso. Aos companheiros do esposo[4] não se concederá, com muito mais razão, a alegria de desfrutar do seu corpo e sangue?

Presença real de Cristo

3 Portanto, com toda certeza recebemo-los como corpo e sangue de Cristo. Em forma de pão te é dado o corpo, e em forma de vinho o sangue, para que te tornes, tomando o corpo e o sangue de Cristo, concorpóreo e consanguíneo com Cristo. Assim nos tornamos portadores de Cristo (cristóforos), sendo nossos membros penetrados por seu corpo e sangue. Desse modo, como

---

2. 1Cor 11,23-25.
3. Cf. Jo 2,1-11.
4. Cf. Mt 9,15; Mc 2,19; Lc 5,34.

diz o bem-aventurado Pedro, "tornamo-nos partícipes da natureza divina".[5]

4 Falando, outrora, aos judeus Cristo dizia: "Se não comerdes minha carne e não beberdes meu sangue, não tereis a vida em vós".[6] Como não entendessem espiritualmente o que era dito, escandalizados, se retiraram, imaginando que o Salvador os incitava a comer carne humana.[7]

5 Também no Antigo Testamento havia pães de proposição.[8] Mas esses pães, por pertencerem à antiga aliança, tiveram fim. Na nova aliança o pão celeste e o cálice de salvação[9] santificam a alma e o corpo. Pois, como o pão se adequa ao corpo, assim o Verbo se harmoniza com a alma.

6 Não consideres, portanto, o pão e o vinho como simples elementos. São, conforme a afirmação do Mestre, corpo e sangue. Se os sentidos isto te sugerem, a fé te confirma. Não julgues o que se propõe segundo o gosto, mas pela fé tem firme certeza de que foste julgado digno do corpo e sangue de Cristo.

---

5. Cf. 2Pd 1,4.
6. Jo 6,53.
7. Cf. Jo 6,61.63.66.
8. Cf. Lv 24,5-9; 1Cr 9,32; 23,29; 1Mc 1,22; 2Mc 10,3 etc.
9. Cf. Sl 115,4.

Prefigurações escriturísticas

7 O bem-aventurado Davi te anuncia a força [deste mistério] dizendo: "Preparaste para mim a mesa à vista de meus inimigos".[10] Com isso ele quer dizer: Antes de tua vinda os demônios preparavam para os homens uma mesa contaminada e manchada, cheia de poder diabólico.[11] Mas depois de tua vinda, ó Senhor, tu preparaste diante de mim uma mesa. Quando o homem diz a Deus: "Tu preparaste diante de mim uma mesa"[12], que outra coisa quer ele insinuar, senão a mística e espiritual mesa que Deus nos preparou em oposição ao adversário, isto é, em oposição ao demônio? Sim, é isso mesmo. Pois a primeira mesa tinha comunhão com os demônios, essa, ao contrário, comunhão com Deus. "Ungiste de óleo minha cabeça".[13] Com o óleo te ungiu a cabeça, sobre a fronte, pelo sinal que tens de Deus, a fim de que te tornes assinalado[14], santo de Deus. "E teu cálice inebria-me como o melhor".[15] Vês aqui mencionado o cálice que Jesus tomou em suas mãos e sobre o qual

---

10. Sl 22,5.
11. Certamente refere-se, aqui, o texto aos alimentos oferecidos aos ídolos. Cf. Ml 1,7.12.
12. Sl 22,5.
13. Sl 22,5.
14. O termo grego ἐκτύπωμα tem o sentido genérico de impressão de um selo. Cirilo o emprega em referência ao sinal da cruz como selo batismal.
15. Sl 22,5.

rendeu graças dizendo: "Este é o meu sangue, que é derramado por todos, em remissão dos pecados".[16]

8 Por isso também Salomão, aludindo a essa graça, disse: "Vem, come teu pão na alegria", o pão espiritual. "Vem" designa o apelo salutar e que faz bem-aventurado. "E bebe, de bom coração, teu vinho", o vinho espiritual. "Derrama o óleo sobre tua cabeça (vês aqui mais uma alusão à unção mística?). Traja sempre vestes brancas, já que Deus sempre favorece as tuas obras".[17] Pois agora Deus se agradou de tuas obras. Antes de te aproximares da graça eram tuas obras "vaidade das vaidades".[18]

Todavia agora, tendo despido as velhas vestes e revestido espiritualmente a veste branca, é necessário estar sempre vestido de branco. Não dizemos isso absolutamente porque é preciso estar trajado de branco, mas porque deves, em realidade, revestir a veste branca, brilhante e espiritual, a fim de dizeres com o bem-aventurado Isaías: "Com grande alegria me rejubilei no Senhor, porque me fez revestir a vestimenta da salvação e me cobriu com a túnica da alegria".[19]

---

16. Mt 26,28.
17. Cf. Ecl 9,7-8.
18. Cf. Ecl 1,2.
19. Is 61,10.

9 Tendo aprendido e estando seguro de que o que parece pão não é pão, ainda que pareça pelo gosto, mas o corpo de Cristo, e o que parece vinho não é vinho, mesmo que o gosto o queira, mas o sangue de Cristo – e porque sobre isto dizia vibrando Davi: "O pão fortalece o coração do homem, para que no óleo se regozije o semblante"[20] – fortalece o teu coração, tomando este pão como espiritual e regozije-se o semblante de tua alma. Oxalá, tendo a face descoberta, em consciência pura, contempleis a glória do Senhor[21], para ir de glória em glória, em Cristo Jesus Senhor Nosso, a quem a glória pelos séculos dos séculos. Amém.

---

20. Sl 103,15.
21. Cf. 2Cor 3,18.

Quinta Catequese Mistagógica

e leitura da epístola católica de Pedro: "Despojai-vos, pois, de toda malícia e falsidade e maledicência"[1], etc.

A celebração eucarística

1 Pela dignidade de Deus, ouvistes de maneira suficiente, nas reuniões precedentes, sobre o batismo, a crisma e a participação do corpo e sangue de Cristo. Mas agora é necessário ir adiante, para coroar o edifício espiritual de vossa instrução.

---

1. 1Pd 2,1.

2 Vistes o diácono oferecer água ao pontífice e aos presbíteros que rodeiam o altar de Deus para lavarem-se. Não a deu, absolutamente, por causa da sujeira corporal. Não é isso. Pois com o corpo sujo nem sequer teríamos entrado na igreja. Mas lavar as mãos é símbolo de que nos devemos purificar de todos os pecados e de todas as faltas. Já que as mãos são símbolos das obras, lavamo-las, indicando evidentemente a pureza e a irrepreensibilidade das obras. Não ouviste como o bem-aventurado Davi te introduziu neste mistério ao dizer: "Lavarei as mãos entre os inocentes e andarei ao redor do teu altar, Senhor"?[2] Então, lavar as mãos é estar limpo de pecado.

3 Depois o diácono proclama: "Acolhei-vos mutuamente e dai-vos o ósculo da paz". Não suponhas que este ósculo seja como os que os amigos íntimos se dão na praça pública. Este ósculo não é assim. Mas este ósculo une as almas entre si e é para elas penhor de esquecimento de todos os ressentimentos. É sinal de que as almas se unem e afastam toda lembrança de toda injúria. Por isso Cristo disse: "Quando fores apresentar uma oferta perante o altar, e ali te lembrares de que teu irmão tem algo contra ti, deixa ali a tua oferta diante do altar, vai primeiro reconciliar-te com teu irmão, depois volta para apresentar a tua oferta"[3]. Então, o ósculo é

---

2. Sl 25,6.
3. Mt 5,23-24.

reconciliação, e é por esta razão que é santo, como o bem-aventurado Paulo o proclama alhures: "Saudai-vos uns aos outros no ósculo santo"[4]. E Pedro: "Saudai-vos uns aos outros no ósculo de caridade"[5].

Introdução à anáfora

4 Depois disso o sacerdote proclama: "Corações ao alto!" Verdadeiramente, nesta hora mui tremenda, é preciso ter o coração no alto, junto de Deus, e não embaixo, na terra, nas coisas terrenas. Com autoridade, pois, o sacerdote ordena que nesta hora se abandonem todas as preocupações da vida e os cuidados domésticos e que se tenha o coração no céu, junto ao Deus benevolente.

Vós então respondeis: "Já os temos no Senhor!" assentindo à ordem por causa do que confessais. Ninguém esteja presente dizendo apenas com a boca: "Nós os temos no Senhor", tendo a mente voltada para as preocupações da vida. Sempre devemos estar lembrados de Deus. Se isso é impossível pela fraqueza humana, naquela hora isto é o que mais deve ser procurado.

5 Depois diz o sacerdote: "Demos graças ao Senhor". Deveras, devemos agradecer-lhe, porque sendo indignos

---

4. Rm 16,16; 1Cor 16,20.
5. 1Pd 5,14.

chamou-nos a tamanha graça que nos reconciliou, sendo seus inimigos, e nos fez dignos da adoção do Espírito[6]. E vós dizeis: "É digno e justo". Pois quando damos graças nós fazemos algo digno e justo. Ele nos beneficiou com a justiça, mas além de toda justiça, fazendo-nos dignos de grandes bens.

Anáfora, prece de louvor

6 Depois disso mencionamos o céu, a terra e o mar, o sol e a lua, os astros, toda criatura racional e irracional, visível e invisível, os anjos e arcanjos, as virtudes, dominações, principados, potestades, tronos, os querubins de muitas faces[7] e, com vigor, dizemos com Davi: "Celebrai comigo o Senhor"[8]. Lembramo-nos ainda dos serafins, que Isaías, no Espírito Santo, contemplava. Estavam colocados em círculo ao redor do trono de Deus. Com duas asas cobriam o rosto, com outras duas os pés, e com mais duas voavam e diziam: "Santo, santo, santo é o Senhor dos exércitos"[9]. Por isso recitamos essa doxologia que nos foi transmitida pelos serafins, para que neste canto nos associemos aos exércitos celestes.

---

6. Cf. Rm 5,10-11; 8,15.
7. Cf. Ez 10,21.
8. Sl 33,4.
9. Is 6,2-3.

Epiclese

7 Depois de santificados por esses hinos espirituais, suplicamos ao Deus benigno que envie o Espírito Santo sobre os dons colocados, para fazer do pão corpo de Cristo e do vinho sangue de Cristo. Pois tudo o que o Espírito Santo toca é santificado e transformado.

Intercessões

8 Em seguida, realizado o sacrifício espiritual, o culto incruento, em presença dessa vítima de propiciação, invocamos a Deus pela paz comum das igrejas, pelo bem-estar do mundo, pelos imperadores, pelos exércitos e aliados, pelos doentes, pelos aflitos e, em geral, todos nós rezamos por todos aqueles que têm necessidade de socorro e oferecemos essa vítima.

9 Depois fazemos menção dos que adormeceram, primeiro dos patriarcas, profetas, apóstolos, mártires, para que Deus, por suas preces e intercessão, aceite nossa súplica. Depois ainda rezamos pelos santos padres, bispos adormecidos e, enfim, por todos os que nos precederam[10], persuadidos de que será de máximo proveito para

---

10. O verbo κοιμασθαι, empregado por Cirilo, significa, de modo geral, dormir, deitar-se. No Cristianismo ele adquire o sentido de morrer. E como tal é aplicado a Cristo e aos que foram redimidos por Ele.

as almas, pelas quais a súplica é elevada ante a santa e tremenda vítima.

10 E quero persuadir-vos com um exemplo. Sei que muitos dizem: Que aproveita à alma que parte deste mundo com faltas ou sem elas, se é mencionada na oferenda [eucarística]? Porventura, se um rei banisse aos que se rebelaram contra ele, e se em seguida seus companheiros, trançando uma coroa, a presenteiam ao rei em favor dos condenados, não lhes concederá a remissão dos castigos? Do mesmo modo nós também, apresentando a Deus as súplicas pelos adormecidos, embora tenham sido pecadores, nós não trançamos uma coroa, mas apresentamos o Cristo imolado por nossos pecados, tornando propício em favor deles e em nosso favor o Deus benigno.

O Pater

11 Depois disso, tu dizes aquela oração que o Salvador transmitiu aos discípulos, atribuindo a Deus, com pura consciência, o nome de Pai e dizes: "Pai nosso, que estás nos céus"[11]. Ó incomensurável benignidade de Deus! Aos que o tinham abandonado e jaziam em extremos males é concedido o perdão dos males e a participação

---

11. Mt 6,9-13.

da graça; a ponto de ser invocado como Pai. Pai nosso que estás nos céus[12]. Os céus poderiam bem ser os que portam a imagem do mundo celestial, nos quais Deus habita e vive[13].

12 "Santificado seja teu nome". Santo é por natureza o nome de Deus, quer o digamos ou não. Mas uma vez que naqueles que pecam por vezes é profanado, segundo o que se diz: "Por vós meu nome é continuamente blasfemado entre as nações"[14] [15], oramos que em vós o nome de Deus seja santificado. Não que por não ser santo chegue a sê-lo, mas porque em nós ele se torna santo quando nos santificamos e praticamos obras dignas de santificação[16].

---

12. Já nos inícios do Cristianismo encontramos o Pai-Nosso como sendo a oração dos cristãos. Na Didaqué (VIII,2-3) temos o texto do Evangelho de Mateus. Na literatura patrística ele será bem cedo comentado. Tertuliano escreverá todo um comentário sobre a "Oração dominical", que possivelmente já era recitada na liturgia batismal. Cipriano e outros o comentarão. O mais longo dos comentários certamente é o de Orígenes, que o aborda em uma interpretação exegética precisa. A primeira atestação do Pai-nosso na liturgia eucarística tem como testemunha Cirilo de Alexandria, que o situa entre a anáfora consecratória e a comunhão. É todo o povo que o recita com o sacerdote.
13. Cf. 1Cor 15,49; Lv 26,11-12; Ez 37,27; 2Cor 6,16.
14. Is 52,5; Cf. Rm 2,24.
15. A profanação é tida como a não-observância dos mandamentos, como infidelidade que leva à não-santificação de Deus no meio de seus filhos e de seu povo. O pecado profanava o nome santo de Deus e o insultava diante dos homens.
16. Este pedido do Pai-Nosso se encontra na liturgia judaica da Kaddish. A "santificação" que concluía o ofício sinagogal pare-

13 "Venha o teu reino". É próprio de uma alma pura dizer com confiança: "Venha o teu reino". Quem ouviu Paulo dizer: "Que o pecado não reine em vosso corpo mortal"[17] e se purificar em obra, pensamento e palavra, dirá a Deus: "Venha o teu reino"[18].

14 "Seja feita a tua vontade, assim no céu como na terra". Os divinos e bem-aventurados anjos de Deus fazem a vontade de Deus, como Davi dizia no salmo: "Bendizei ao Senhor, todos os seus anjos, heróis poderosos, que executais sua palavra"[19]. Rezando, pois, com vigor, dize isto: Como nos anjos se faz a tua vontade, Senhor, assim na terra se faça em mim.

15 "Nosso pão substancial dá-nos hoje". O pão comum não é substancial. Mas este pão é substancial, pois se

---

ce ter sido familiar a Jesus desde sua infância. Neste contexto judaico o pedido era voltado para a escatologia: tinha por fim a vinda da "hora" em que a santidade de Deus se faria visível e inauguraria sua realeza. Em um horizonte vétero-testamentário, Cirilo proclama com os profetas a excelência da santidade de Javé, princípio de toda santidade (Ez 28,22). Os homens se santificam santificando a Deus e a seu nome, ou seja deixando que Deus se santifique neles; e nisto Deus é santificado (Cf. Is 29,23).
17. Rm 6,12.
18. Cirilo evoca a presença do Reino como algo já realizado entre os homens. Ao mesmo tempo abre-se para uma dimensão futura. Pedir que o Reino venha é confrontar-se constantemente com a boa-nova do perdão e da salvação revelada em Jesus. É ler-se todo a partir de Deus, a partir da filiação. É deixar-se cativar pela superabundante benignidade de Deus.
19. Sl 102,20.

ordena à substância da alma. Este pão não vai ao ventre nem é lançado em lugar escuso[20], mas se distribui sobre todo o organismo, em proveito da alma e do corpo[21]. O "hoje" equivale a dizer de "cada dia"[22], como também dizia Paulo: "Enquanto perdura o hoje"[23].

16 "E perdoa-nos as nossas dívidas assim como nós perdoamos aos nossos devedores". Temos muitos pecados. Caímos, pois, em palavra e em pensamento e fazemos muitas coisas dignas de condenação. "E se dissermos que não temos pecado, mentimos"[24], como diz João. Fazemos com Deus um pacto pedindo-lhe que nos perdoe nossos pecados como também nós perdoamos ao próximo suas dívidas. Tendo presente, portanto, o que recebemos em troca do que damos, não sejamos negligentes, nem deixemos de perdoar uns aos outros.

---

20. Cf. Mt 15,17; Mc 7,19.
21. O pão sintetiza e reúne toda forma de alimento do qual temos necessidade, bem como todo dinamismo de busca. Ele simboliza tudo quanto o homem almeja enquanto criatura. Ao se pedir pão, pede-se mais que um alimento para o corpo. Pede-se um "alimento" que sacie a fome imensa de nosso ser. Vislumbra-se assim, no pão, a paternidade divina que se patenteia como sustento, como pão que dá vida, como vigor de todo o nosso ser humano, de criaturas, em nosso processo de vir a ser por mercê e por dom de Deus Pai.
22. A versão do Pai-nosso de Mateus fala do "pão nosso... dai-nos hoje", enquanto Lucas fala do "pão de cada dia".
23. Hb 3,13.
24. 1Jo 1,8.

As ofensas que se nos fazem são pequenas, simples, fáceis de reconciliar. As que nós fazemos a Deus são enormes e temos necessidade só de sua benignidade. Cuida, então, que por faltas pequenas e simples contra ti não te excluas do perdão, por parte de Deus, dos pecados gravíssimos[25].

17 "E não nos induzas em tentação", Senhor. Porventura com isto o Senhor nos ensina a pedir que de modo algum sejamos tentados? Como se encontra em outro lugar: "Aquele que foi tentado não tem experiência"[26] e ainda: "Tende por suma alegria, meus irmãos, se cairdes em diversas provações"?[27] Mas entrar em tentação jamais é o mesmo que ser submerso por ela. A tentação, pois, se assemelha a uma torrente difícil de atravessar. Os que, então, não são submersos nas tentações, atravessam, como bons nadadores, sem serem arrastados pela corrente. Os que não são assim, uma vez que entram, são submersos. Assim, por exemplo, Judas, entrando na tentação da avareza, não passou a nado, mas, submergindo, afogou-se corporal e espiritualmente. Pedro entrou na

---

25. O perdão é o modo de manifestar-se a benignidade de Deus. O nosso perdão torna-se transparência desta benignidade. Perdoamos por força daquele que nos perdoa de antemão. Deste modo, não somos nós que conduzimos o perdão de Deus, mas é ele quem nos conduz. O perdão ao próximo só poderá ser então constante acolhida e abertura para o perdão que nos concede o Pai.
26. Cf. Eclo 34,9-10; Rm 5,3-4.
27. Tg 1,2.

tentação de negação, mas, tendo entrado, não submergiu; antes, nadando com vigor, se salvou da tentação.

Escuta novamente, em outro lugar, o coro dos santos todos rendendo graças por terem sido subtraídos à tentação: "Tu nos provaste, ó Deus, acrisolaste-nos como se faz com a prata. Deixaste-nos cair no laço; carga pesada puseste em nossas costas; submeteste-nos ao jugo dos tiranos. Passamos pelo fogo e pela água, mas tu nos conduziste ao refrigério"[28]. Tu os vês falar abertamente de sua travessia sem serem vencidos?[29] "Tu nos conduziste ao refrigério". Chegar ao refrigério é ser livrado da tentação[30].

18 "Mas livra-nos do Mal". Se a expressão "não nos induzas em tentação" significasse não sermos de modo algum tentados, não se diria: "Mas livra-nos do Mal". O Mal é o demônio, nosso adversário, do qual pedimos ser libertos.

Depois, terminada a prece, dizes: "amém", selando com este amém – que significa "faça-se" – o que se contém na oração ensinada por Deus.

---

28. Cf. Sl 65,10-12.
29. Cf. Sl 68,15.
30. A tentação é experimentada como passagem de Deus pelo meio dos homens para que o homem se entregue a Deus e passe sempre mais para Ele.

Comunhão

19 Depois disso, diz o sacerdote: "As coisas santas aos santos". As coisas santas são as oferendas aí colocadas, pois receberam a vinda do Espírito Santo. Santos sois também vós, julgados dignos do Espírito Santo. As coisas santas, então, convêm aos santos. Em seguida vós dizeis: "Um é o santo, um o Senhor, Jesus Cristo". Verdadeiramente um é o santo, santo por natureza. Nós, porém, se santos, o somos não pela natureza, mas pela participação, ascese e prece.

20 Depois dessas coisas, ouvis o cantor que, com uma melodia divina, vos convida à comunhão dos santos mistérios, dizendo: "Provai e vede como o Senhor é bom"[31]. Não confieis o julgamento ao gosto corporal, mas à fé inabalável. Pois provando não provais pão e vinho, mas o corpo e sangue de Cristo que aqueles significam.

21 Ao te aproximares [da comunhão], não vás com as palmas das mãos estendidas, nem com os dedos separados; mas faze com a mão esquerda um trono para a direita como quem deve receber um Rei e no côncavo da mão espalmada recebe o corpo de Cristo, dizendo: "Amém". Com segurança, então, santificando teus olhos pelo contato do corpo sagrado, toma-o e cuida de nada se perder. Pois se algo perderes é como se tivesses

---

31. Sl 33,9.

perdido um dos próprios membros. Dize-me, se alguém te oferecesse lâminas de ouro, não as guardarias com toda segurança, cuidando que nada delas se perdesse e fosses prejudicado? Não cuidarás, pois, com muito mais segurança de um objeto mais precioso que ouro e pedras preciosas, para dele não perderes uma migalha sequer?

22 Depois de teres comungado o corpo de Cristo, aproxima-te também do cálice do seu sangue. Não estendas as mãos, mas, inclinando-te e num gesto de adoração e respeito, dize "amém", santifica-te tomando também o sangue de Cristo. E enquanto teus lábios ainda estão úmidos, roça-os de leve com tuas mãos e santifica teus olhos, tua fronte e teus outros sentidos. Depois, ao esperares as orações [finais], rende graças a Deus que te julgou digno de tamanhos mistérios.

23 Conservai inviolavelmente essas tradições e vós mesmos guardai-vos sem ofensa. Não vos separeis da comunhão nem pela mancha do pecado vos priveis desses santos e espirituais mistérios.

"O Deus da paz santifique-vos completamente. Conserve-se inteiro o vosso espírito, e a vossa alma e o vosso corpo sem mancha, para a vinda de Nosso Senhor Jesus Cristo"[32], a quem a glória pelos séculos dos séculos. Amém.

---

32. 1Ts 5,23.

Índice escriturístico[*]

Antigo Testamento

Gênesis
2,8: I,9
2,25: II,2
3,7-10: III,4
3,23: I,9
19,15-26: I,8
19,17: I,8

Êxodo
12,7.13.22-23: I,2
14,22-30: I,2

Levítico
4,5: III,6
8,1-12: III,6
24,5-9: IV,5
26,11-12: V,11

Deuteronômio
4,23: I,8

---

[*] A numeração que antecede os dois-pontos indica o livro bíblico. A numeração seguinte a eles mostra o número da catequese e seu parágrafo.

1 Reis
1,38-39.45: III,6

Tobias
4,13: I,8

1 Crônicas
9,32: IV,5
23,29: IV,5

1 Macabeus
1,22: IV,5

2 Macabeus
10,3: IV,5

Salmos
22,5: IV,7
25,6: V,2
33,4: V,6
33,9: V,20
44,7-8: III,2
65,10-12: V,17
68,15: V,17
102,20: V,14
103,15: IV,9
104,15: III,1
115,4: IV,6
118,37: I,6

Eclesiastes
1,2: IV,8
3,2: II,4
9,7-8: IV,8

Cântico dos Cânticos
5,3: II,2

Eclesiástico
34,9-10: V,17

Isaías
2,2: III,7
6,2-3: V,6
11,5: III,4
25,6: III,7
25,7: III,7

25,8: I,10
28,15: I,9
50,4: III,4
52,5: V,11
59,17: III,4
61,1: III,1
61,10: I,10; IV,8

Ezequiel
10,21: V,6
37,27: V,11

Daniel
2,34-35.45: I,8

Novo Testamento

Mateus
4,1-11: III,4
5,23-24: V,3
6,9-13: V,11
9,15: IV,2

11,15: III,4
12,40: II,4
15,17: V,15
26,28: IV,7
27,59: II,7

Marcos
1,12-13: III,4
2,19: IV,2
7,19: V,15

Lucas
4,1-13: III,4
4,18: III,1
5,34: IV,2
9,62: I,8

João
2,1-11: IV,2
6,53: IV,4
6,61.63.66: IV,4

Atos dos Apóstolos
10,38: III,2

Romanos
2,24: V,11
2,25-27: I,5
5,3-4: V,17
5,10-11: V,5
6,3-4: II,6
6,3-14: II, introd.
6,4: II,8
6,5: II,7
6,12: V,13
6,13: II,8
8,15: V,5
8,29: III,1
11,17-24: II,3
11,16: III,6
13,14: I,10
16,16: V,3

1Coríntios
5,6-7: III,6
11,2: II,8
11,23s: IV, introd.
11,23-25: IV,1
15,23: III,6
15,49: V,11
16,20: V,3

2Coríntios
2,15: III,4
3,18: III,4; IV,9
5,9: III,7
6,16: V,11

Gálatas
2,18: I,5
3,27: I,10; III,1

Efésios
1,5: III,1
4,22: II,2

6,11: III,4
6,14.11: III,4

Filipenses
3,19: I,6
3,21: III,1
4,13: III,4

Colossenses
2,15: II,2
3,9: II,2

1 Tessalonicenses
5,8: III,4
5,23: V,23

Hebreus
2,10: III,7
3,13: V,15
3,14: III,1
10,14-15: I,4

Tiago
1,2: V,17
2,9-11: I,5

1 Pedro
1,19: I,3
2,1: V, introd.
5,8: I,10
5,8-11: I, introd.
5,14: V,3

2 Pedro
1,4: IV,3

1 João
1,8: V,16
2,20-28: III, introd.
2,27: III,7

Apocalipse
21,4: 1,10

Índice analítico*

Adivinhação: 1,8 (veja Demônio: culto ao demônio).
Adoção de filhos: 2,6; 3,1; 5,5.11.
Amuletos: 1,8 (veja Demônio: culto ao demônio).
Anáfora: Diálogo de introdução (Corações ao alto...) 5,4.5; ação de graças pela criação, seguida do Trisagion 5,6; epiclese eucarística 5,7; prece pelos vivos: pela paz comum das igrejas, pelo bem-estar do mundo, pelos imperadores, pelos exércitos e aliados, pelos doentes e aflitos 5,8; memento pelos mortos: aqueles que são nossos intercessores 5,9; aqueles que têm necessidade de preces 5,9.10.

---

* A numeração remete ao número da catequese e seus parágrafos.

Apóstolos: sua intercessão na anáfora 5,9.
Augúrios: 1,8 (veja Demônio: culto ao demônio).
Batismo: Batismo de João 2,6
– Batismo de Cristo 3,1.4.
– Batismo (Sacramento): o lugar (batistério) 2,1.4; 3,1; a tarde (noite Pascal) em que foi conferido 1,1; os ritos: despojamento das vestes 2,2; unção com o óleo do exorcismo 2,3; profissão de fé e tríplice imersão 2,4; simbolismo desses ritos: despojamento do homem velho 2,2 (cf. 1,10), sepultura de três dias do Cristo, mistério da morte e da vida 2,4; efeitos sobrenaturais: remissão dos pecados, adoção de filhos, participação nos sofrimentos de Cristo 2,5.6.7; regeneração 1,10; 3,5; alegria e festa espiritual 1,10; 4,8.

Benignidade (de Deus): manifestada sobretudo na Paixão de Cristo 2,5; pelos dons de sua graça: remissão dos pecados, adoção de filhos 5,11; em seu perdão 5,16; em relação aos mortos 5,10.
Caça: 1,6.
Caná: 4,2.
Canto: Convite à comunhão 5,20.
Comunhão eucarística: participação segura no corpo e no sangue do Cristo 4,1.2.3.6.9; participação verdadeira e não carnal 4,3.4; o rito: a) convites preparatórios 5,19.20; b) comunhão no corpo de Cristo (atitude geral, palavras e gestos) 5,21; c) comunhão no sangue (atitude geral, palavras e gestos) 5,22; d) ação de graças e prece final 5,22; efeitos sobrenaturais: santificação

da alma e do corpo 4,3.5; força contra o demônio 4,7; alegria espiritual 4,7.8.9; prefigurações escriturísticas 4,7.8.9.

Consagração: o cristão, pelo batismo e pela crisma, é um ser consagrado 4,7.

Criação: ação de graças pela criação, visível e invisível, no início da anáfora 5,6.

Crisma: o momento (após o batismo) 3,1; a matéria, óleo santificador, feito por uma epiclese portadora do Espírito Santo 3,3 (cf. 3,5.7); o rito: unção sobre a fronte, os ouvidos, as narinas, o peito 3,4; efeitos sobrenaturais: imagem da unção espiritual do Cristo 3,1.2.6; o batizado torna-se um "cristão", participante do Cristo, merecendo plenamente o nome de cristão 3,1.2.5; couraça contra o demônio 3,4; salvaguarda do corpo e salvação da alma 3,7; prefigurações escriturísticas 3,6.7; 4,7.8.

Cristão: nome reservado aos batizados, após a Crisma 3,5.

Cruz de Cristo: 2,4 (cf. 2,5; 3,2); instrumento de triunfo sobre as forças inimigas 2,2.

Culto: culto ao demônio 1,8; sacrifício eucarístico, culto incruento 5,8.

Defuntos: prece da anáfora 5,9.10.

Demônio: atrevimento, habilidade, poder do demônio 1,3.4 (cf. 2,3); tirania do demônio 1,3.4.8; obras do demônio: os pecados 1,5; pompas do demônio: paixão pelo teatro, hipódromos, caça 1,6; culto ao demônio: preces e honras aos ídolos, augúrios, adivinhação, agouros, amuletos, inscrições sobre lâminas, magia e outras práticas de superstição 1,8; luta contra o demônio, meios sobrenaturais: o sangue de Cristo, refúgio contra o demônio 1,3; exorcismo e unção preparatória à imersão 2,3; o batismo 1,3; a crisma, força para o combate espiritual 3,4; igualmente a comunhão eucarística 4,7; igualmente o Pai-nosso 5,18.

Despojamento: despojamento das vestes antes do batismo 2,2; despojamento do homem velho 1,10; 2,2.

Diácono: funções na celebração litúrgica: apresenta a água para a purificação das mãos 5,2; convida ao ósculo da paz 5,3.

Doxologia: doxologia dos Serafins (veja Trisagion), no início da anáfora 5,6; doxologias finais 1,11; 2,8; 3,7; 4,9; 5,23.

Egito: estada dos hebreus e libertação 1,2.3.

Epiclese: epiclese eucarística 1,7; 3,3; 5,7 (cf. 5,19); epiclese sobre o óleo da crisma 3,3.

Escravidão: dos hebreus no Egito 1,2.3; do homem, sob o domínio do demônio: 1,3.4.8.

Eucaristia: o relato da instituição 4,1; transformação do pão e vinho no corpo e no sangue de Cristo, na epiclese 1,7; 3,3; 5,7.19; ritos da celebração: a) preparatórios: purificação das mãos e o beijo da paz 5,2.3; b) anáfora 5,4-10; c) Pai-nosso 5,11-18; d) a comunhão 5,19-22; o mistério eucarístico, enquanto sacrifício de Cristo 5,8.9.10.

Exorcismo: 2,3 (veja Insuflação).

Faraó: figura do demônio 1,2.3.
Galileia: (Caná da Galileia) 4,2.
Gion: unção de Salomão em Gion 3,6.
Graça: graças conferidas pelo batismo: remissão dos pecados, adoção filial, participação nos sofrimentos de Cristo 2,5.6.7; 5,5.11; graças conferidas na crisma 3,1.5; graça da celebração eucarística 5,5.
Hipódromo: 1,6
Ídolos: 1,7.8.
Iniciação: iniciação cristã perfeita, objeto das Catequeses Mistagógicas 1,1; 5,1 (cf. 2,1).
Insuflação: alusão aos exorcismos preparatórios para o batismo 2,3.
Intercessão: dos patriarcas, dos profetas, dos apóstolos, dos mártires, na anáfora 5,9.

Invocação: aos demônios (alimentos consagrados aos ídolos) 1,7; a Deus, no momento das insuflações 2,3; por ocasião da unção com o óleo exorcizado 2,3.
Jordão: batismo de Cristo por João Batista 3,1.4.
Libertação: dos hebreus em sua saída do Egito 1,2.3; do cristão pelo batismo 1,3.4.
Mártires: sua intercessão, na anáfora 5,9.
Mar Vermelho: passagem do Mar Vermelho, símbolo do batismo 1,2.3.
Memento: na anáfora, pelos vivos 5,8; pelos defuntos 5,9.
"Metabolismo": (Eucaristia) 4,2; 5,7.
Moisés: libertador dos hebreus 1,2.3; consagra Aarão por uma unção 3,6.
Morte: vitória da morte face à Redenção 1,10 (cf. 2,8); morte de Cristo:

vitória sobre a morte 1,4;
morte verdadeira 2,5.7;
morte mística do batizado
2,4.6.7.

Ocidente: veja Renúncia ao demônio.

Oriente: veja Profissão de fé.

Ósculo da Paz: rito e símbolo 5,3.

Pai: Deus é nosso Pai (pela graça do batismo): 5,11 (veja Adoção de filhos).

Pai-nosso: recitação do Pai-nosso entre a anáfora e a Comunhão, e seus comentários detalhados na catequese 5,11-18.

Paixão (do Cristo): paixão real 2,5.7; 3,2; efeitos sobrenaturais: a) vitória sobre a morte 1,4; b) libertação dos pecados 4,7; c) dom da salvação 2,5.7.

Paraíso: paraíso de Adão 1,9; 2,2; paraíso espiritual acessível pelo batismo 1,1 (cf. 1,9).

Participação: no Cristo (pelo batismo e pela crisma) 3,1.2; nos sofrimentos de Cristo, 2,5.6.7; no corpo e no sangue de Cristo 4,1.2.3.6.9; 5,20.

Parusia: veja Vinda.

Patriarcas: sua intercessão, na anáfora 5,9.

Pecado: obras do demônio 1,5; pecar por palavras, pensamentos e atos 5,16; causas de pecado 5,12; o pecador: sua ruína 1,3; escravidão 1,3.4.8; mesmo resgatado, ele permanece devedor para com Deus 5,16; remissão dos pecados: pelo batismo de João 2,6; pelo batismo cristão 2,6; 5,5.11 (cf. 2,3); pela oblação eucarística, particularmente em relação aos mortos 5,9.10; obtida pelo sangue de Jesus Cristo 4,7, e pela misericórdia de Deus 5,16.

Pompas: 1,6.7.

Prefigurações escriturísticas: libertação do demônio e

do pecado, prefigurada
pelo Faraó, Mar
Vermelho, Moisés 1,2-3;
infidelidade à promessa
batismal, prefigurada
pela mulher de Ló 1,8;
crisma, prefigurada pela
unção de Aarão por
Moisés e de Salomão
pelo sumo sacerdote 3,6;
crisma profetizada por
Isaías 3,7; pelo Salmista
4,7; no Eclesiastes 4,8;
Comunhão eucarística
anunciada pelo Salmista
4,7.9; no Eclesiastes 4,8.

Primícias: o Cristo,
primícias de salvação 3,6.

Profetas: sua intercessão, na
anáfora 5,9.

Profissão de fé: primeira
(depois da renúncia ao
demônio) em direção ao
Oriente 1,9; segunda (na
imersão batismal) 2,4.

Propiciação: mistério
eucarístico, sacrifício de
propiciação pelos vivos e
pelos mortos 5,8.9.10.

Purificação das mãos: rito e
símbolo 5,2.

Remissão dos pecados: veja
Pecado.

Renúncia ao demônio:
o lugar, átrio do
batistério 1,2.11; atitude
prescrita: em direção
ao Ocidente, de pé e de
mãos estendidas 1,2.4.9;
a fórmula: "renuncio
a ti, satanás" 1,4; "às
tuas obras" 1,5; "às tuas
pompas" 1,6.7; "a teu
culto" 1,8; estes atos
estão inscritos nos "livros
de Deus" 1,5; ele exige
fidelidade constante 1,5;
exclui toda aliança com o
demônio 1,9; exige para
o futuro vigilância 1,10;
coragem 3,4; prece 5,18.

Ressurreição: a verdadeira
ressurreição de Cristo 2,5;
3,2; nossa participação
nessa ressurreição 2,7;
3,1.2; 5,23.

Sacerdote: seu papel pessoal
na celebração litúrgica:

introduz a anáfora 5,4.5; anuncia a comunhão 5,19.

Sacrifícios: celebração eucarística, enquanto sacrifício oferecido pelos vivos e pelos mortos (veja Propiciação).

Salomão: sua unção pelo sumo sacerdote 3,6.

Salvação: fonte: Paixão e Ressurreição de Cristo 2,5; o Cristo, ungido pelo Espírito Santo 3,6; meio: o batismo 2,5.7 (cf. 1,3).

Santidade: adquirida no batismo e na crisma 3,3; 5,12.19 (cf. 3,6); santidade de participação, de exercício e de prece 5,19; desejo final de santificação 5,23.

Selo: veja Sinal.

Sepulcro de Cristo: situado na Anástasis 2,4.

Serafins: veja Trisagion.

Símbolo: em direção ao Ocidente, para a renúncia ao demônio 1,4; em direção ao Oriente para a profissão de fé 1,9; do despojamento das vestes 2,2; da unção com o óleo exorcizado 2,3; da tríplice imersão batismal 2,4; da unção da crisma 3,3-4; do rito da veste branca 4,8; da purificação das mãos 5,2; do ósculo da paz 5,3 (veja Prefigurações).

Sinal: sinal do Espírito Santo sobre o cristão 3,1; sinal de consagração 4,7.

Substancial: vinda substancial do Espírito Santo sobre o Cristo 3,1; pão eucarístico 5,23.

Teatro: 1,6.

Tentações: 5,17.

Tipos: veja Prefigurações.

Transubstanciação: veja "Metabolismo".

Trindade: profissão de fé 1,9; 2,4; epiclese 1,7.

Trisagion: Trisagion dos Serafins, no início da anáfora 5,6.

Unção: realizada antes da imersão batismal, com o óleo exorcizado 2,3; símbolo: participação nas riquezas do Cristo, expulsão das forças demoníacas 2,3.

Vestes brancas: 4,8.
Vinda: vinda temporal do Cristo 4,7; vinda final 5,23.

CLÁSSICOS DA INICIAÇÃO CRISTÃ

Veja outros títulos da coleção em

livrariavozes.com.br/colecoes/classicos-da-iniciacao-crista

ou pelo Qr Code

Conecte-se conosco:

f facebook.com/editoravozes

○ @editoravozes

X @editora_vozes

▶ youtube.com/editoravozes

☏ +55 24 2233-9033

www.vozes.com.br

Conheça nossas lojas:

www.livrariavozes.com.br

Belo Horizonte – Brasília – Campinas – Cuiabá – Curitiba
Fortaleza – Juiz de Fora – Petrópolis – Recife – São Paulo

EDITORA VOZES LTDA.
Rua Frei Luís, 100 – Centro – Cep 25689-900 – Petrópolis, RJ
Tel.: (24) 2233-9000 – E-mail: vendas@vozes.com.br